FACULTÉ DE DROIT DE TOULOUSE.

ACTE PUBLIC

Pour la Licence,

EN EXÉCUTION DE L'ART. 4, TIT. 2 DE LA LOI DU 22 VENTÔSE AN 12.

M. Jean-Maurice BRIE-LATOUR, né à Lourdes (Hautes-Pyrénées) soutiendra l'Acte Public général sur tous les objets d'étude fixés pour les trois premières années, desquels ont été extraits les lois, titres et articles suivans.

Jus Romanum.

Lib. 1, Tit. 22, Inst.

Quibus modis finitur Tutela.

Tutela finitur ipso jure, vel officio judicis. *Ipso jure.* 1.° Pubertate pupilli; 2.° morte naturali, tum pupilli, tum tutoris; 3.° capitis diminutione pupilli et tutoris , sive maximâ , sive minimâ , sive mediâ ; 4.° eventu diei aut conditionis, quod solùm in tutelâ testamentariâ evenire potest.

Tit. 25.

De Excusationibus Tutorum vel Curatorum.

Aliæ sunt voluntariæ , aliæ necessariæ. *Voluntariæ* nituntur privilegio , vel conceduntur ob impotentiam. Quinque sunt quæ nittuntur privilegio. Numerus liberorum , rei fiscalis administratio , absentia reipublicæ causâ , potestas et professio certarum artium. Quinque sunt quæ conceduntur ob impotentiam. Tria onera tutelæ, vel curæ non affectatæ , paupertas , adversa valetudo , imperitia litterarum et ætas major , septuaginta annis. — Alia est excusatio quæ nec privilegio nititur, nec conceditur ob impotentiam, et quæ tamen est voluntaria ; scilicet ea quæ oritur ex malevolentiâ testatoris.— *Necessariæ* quatuor sunt. Inimicitiæ capitales, lis cum pupillo de universis bonis , ætas minor , viginti quinque annis , et militia. — Duæ aliæ sunt excusationes solis curatoribus propriæ ; altera voluntaria, cujus is est effectus, ut qui tutelam alicujus gessit ejusdem curam possit renuere, nisi sit libertus ; altera necessaria, respiciens maritum qui uxoris minoris viginti quinque annis curator fieri prohibetur.

Tit. 25.

De suspectis Tutoribus.

Suspectus tutor is est qui non ex fide tutelam gerit. Tutores removeri possunt, accusatio tutorum patet omnibus. Impuberes soli suos nequeunt accusare ; possunt puberes ex consilio propinquorum. Is est effectus accusationis, ut si quis emoveatur ob dolum, infamiâ afficiatur, non autem si tantummodo ob culpam. Excipiuntur patroni et parentes quorum famæ parcendum. Sunt insuper casus, quibus , præter remotionem , pæna tutoribus infligitur.

Code Civil.

Titre 7.

De la Paternité et de la Filiation.

Nous commencerons par distinguer l'état des enfans *légitimes* ou nés du mariage, de celui des enfans *naturels* nés hors mariage.

Chapitre premier.

De la Filiation des Enfans légitimes.

D'un côté, dans la nécessité de tracer des règles fixes qui ne pussent laisser incertains l'état des individus et les droits des familles; de l'autre, dans l'impossibilité d'emprunter à la nature un signe évident et infaillible de la paternité, le législateur a été contraint, à défaut de principe invariable, d'établir une présomption de droit, qui devint la garantie d'un fait dont il est impossible d'acquérir autrement la certitude. Il a posé en principe que l'enfant conçu pendant le mariage a pour père le mari. Cette proposition est claire et incontestable. Mais cette présomption légale cesse devant la preuve du contraire. Il a donc fallu établir des exceptions au principe général.

Exceptions à la Présomption légale de Paternité.

La première exception à la règle générale s'induit de l'ordre physique. Elle se vérifie lorsque cette règle est en opposition avec la marche constante de la nature; car alors on croit plutôt à la faiblesse humaine qu'à l'intervention de l'ordre naturel. La deuxième exception est fondée sur l'impossibilité morale, qui se vérifie, lorsqu'au moment de la conception de l'enfant, une réunion de circonstances décisives force la raison à transporter l'opinion certaine de la paternité sur un autre que le mari de la mère. Ainsi, lorsque la femme, déjà condamnée comme adultère, a caché à son mari sa grossesse, son accouchement, la naissance de l'enfant; le sentiment qui lui a dicté ce mystère est d'une telle prépondérance, qu'il affaiblit la présomption légale, et ne lui laisse plus son influence ordinaire.

Dans les divers cas où le mari est autorisé à réclamer, il devra le faire dans le mois, s'il se trouve sur les lieux de la naissance de l'enfant; dans les deux mois après son retour, lorsqu'à la même époque il s'est trouvé absent. Enfin, dans les deux mois après la découverte de la fraude, lorsqu'on lui a caché la naissance de l'enfant: si le mari meurt dans le délai utile, sans néanmoins avoir réclamé, son action passe à ses héritiers; mais elle ne saurait être exercée par les héritiers de la mère, puisqu'elle n'est pas admise à désavouer l'enfant, et que ses héritiers ne peuvent jouir des droits qu'elle n'avait pas elle-même.

Chapitre 2.

Preuves de la Filiation des Enfans légitimes.

La loi place au premier rang la preuve résultant des registres de l'état civil. Il y a un cas cependant où l'acte de naissance n'est pas une preuve suffisante pour assurer à l'enfant sa légitimité; c'est celui où il n'aurait pas la possession d'enfant légitime. On peut alors contester l'identité du réclamant avec l'enfant inscrit sur l'acte civil, contestation que la loi autorise à repousser par tous les moyens propres à établir son identité.

La loi a prévu le cas où les registres de l'état civil auraient été perdus; elle fournit alors une nouvelle preuve à l'enfant pour constater sa filiation; cette preuve est la possession constante de l'état d'enfant légitime. On doit pour cela porter le nom de l'individu dont on prétend descendre, avoir été traité par lui comme son enfant, et avoir été reconnu tel dans la société et dans la famille ; ce qui est renfermé dans ces trois mots de la loi romaine : *nomen, tractatus, fama*. La réunion de ce double titre fixe irrévocablement l'état de l'enfant.

Lorsque l'enfant n'a ni possession constante, ni titre, ou qu'il a été inscrit sous de faux noms, soit comme né de père et mère inconnus, la loi, dans ce cas, permet à l'enfant d'user de la preuve testimoniale ; mais pour l'admission de cette preuve, il faut encore un commencement de preuve par écrit, ou qu'il y ait au moins des présomptions graves résultant de faits constans. Dans les deux derniers cas, l'enfant est tenu de s'inscrire en faux contre l'acte de naissance qu'on lui oppose, et c'est par une simple instruction faite devant le tribunal civil incidemment à la question d'état.

L'action en réclamation d'état est imprescriptible à l'égard de l'enfant. La loi permet aussi à ses héritiers d'exercer cette action, mais seulement dans le cas où il décède étant encore mineur, ou bien cinq années après sa majorité. La loi les autorise encore à poursuivre cette réclamation, lorsqu'elle a déjà été commencée par l'enfant, à moins qu'il n'y eût eu de sa part un désistement formel, ou qu'il y eût eu péremption d'instance.

Chapitre 3.

De la Reconnaissance et Légitimation des Enfans naturels.

Après avoir établi les règles sur la filiation des enfans légitimes, la loi s'occupe des enfans nés hors mariage ; elle les divise en deux classes : la première comprend les enfans naturels proprement dits ; la seconde, ceux qui sont nés d'un commerce adultérin ou incestueux. Le code accorde aux premiers le bienfait de la légitimation par mariage subséquent ; mais il exige qu'ils aient été légalement reconnus par leurs père et mère avant le mariage ou dans l'acte de célébration : cette légitimation peut même avoir lieu en faveur des enfans prédécédés, qui auraient laissé des descendans, et dans ce cas elle profitera à ces derniers ; quant aux enfans adultérins et incestueux, l'intérêt des mœurs qui a fait admettre la légitimation, par mariage subséquent, en faveur des bâtards simples, s'oppose à ce qu'elle ait lieu, si les enfans ne sont pas nés de père et mère libres ; car les fruits de l'adultère et de l'inceste ne sauraient être assimilés à ceux d'une union légitime.

La loi distingue deux espèces de reconnaissance ; la volontaire et la forcée ; la première, qui se fait par acte authentique, ne peut plus être révoquée du moment qu'elle a été librement faite ; la reconnaissance forcée n'est admise qu'à l'égard de la mère. La recherche de la paternité est interdite, parce qu'elle est incertaine et impénétrable de sa nature, tandis que la maternité n'exige pas que l'on fouille dans les mystères de la nature. La mère est toujours certaine ; son accouchement et l'identité de l'enfant sont des faits positifs qui peuvent être constatés ; l'enfant qui voudrait donc réclamer au sujet de la maternité, doit prouver deux choses : l'accouchement de la mère et son identité avec l'enfant qui est né à telle époque. Les effets de la reconnaissance volontaire ou forcée sont toujours les mêmes.

Des Enfans Adultérins ou Incestueux.

La reconnaissance des enfans adultérins ou incestueux serait, de la part du père et de la mère, l'aveu d'un crime ; elle ne peut donc être ni volontaire, ni forcée ; de plus, la recherche de la paternité, ni même de la maternité, ne sera pas admise en faveur des enfans adultérins ou incestueux.

Titre 8.

De l'Adoption.

Nous allons examiner ce que c'est que l'adoption, son caractère dans la législation actuelle, sa forme et ses effets.

Caractère et forme de l'Adoption.

L'adoption dans les principes du code civil est un acte solennel qui, sans faire changer de famille à l'adopté, établit, entre lui et l'adoptant, plusieurs des droits et des devoirs attachés à la paternité et à la filiation.

On doit, à raison de la différence des conditions requises, distinguer trois espèces d'adoption ; l'adoption ordinaire, l'adoption rémunératoire, et la testamentaire.

La loi détermine pour l'adoption ordinaire, six conditions, qui sont désignées par les art. 343, 344, 2.e §; 245, § 1.er et art. 355. Les art. 345, §. 1.er et 366, déterminent celles de l'adoption rémunératoire et testamentaire ; enfin, les conditions requises pour l'adopté sont tracées par l'art. 346, qui les met au nombre de trois. L'art. 345 pose une exception à cette règle. Les formes de l'adoption ordinaire et rémunératoire sont les mêmes. L'art. 353 enseigne la manière de procéder à une adoption.

« L'adoptant et l'adopté, dit cet article, doivent se présenter » devant le juge de paix du domicile de l'adoptant, pour y passer » acte de leurs consentemens respectifs. » Le tribunal, sur l'expédition qui en est remise au procureur du roi par la partie la plus diligente, vérifie si toutes les conditions de la loi sont remplies ; et le procureur du roi entendu, admet ou rejette l'adoption sans énoncer les motifs. Le jugement est soumis à la cour royale, qui, sans énoncer de motifs, confirmera ou réformera le jugement du tribunal de première instance. Les art. 358, 59 et 60, déterminent les autres formalités.

Quant à l'adoption testamentaire, elle n'est soumise à d'autres formalités qu'à celle des testamens ; mais elle n'est valable qu'autant que le tuteur officieux ne laisse pas d'enfant légitime (366).

Des Effets de l'Adoption.

La loi confère à l'adopté le nom de l'adoptant, qu'il ajoute à son nom propre, etc. (347, 45, 49 et 50). Mais comme dans l'esprit du législateur il n'y a que l'adopté et ses enfans légitimes qui puissent profiter des avantages accordés aux personnes adoptées, l'adoptant ou ses descendans reprennent tout ce que l'adoptant avait donné à l'adopté, lorsque celui-ci meurt sans enfans (351). Mais c'est toujours sans préjudice des droits des tiers.

L'adoptant reprend encore ce qu'il avait donné à l'adopté, lorsque les enfans ou descendans laissés par celui-ci meurent sans laisser de postérité ; mais dans un tel cas ce droit est inhérent à la personne de l'adoptant, et non transmissible à ses héritiers, même en ligne descendante.

Tit. 5, Chap. 6.

Droits et devoirs respectifs des Époux.

Le mariage est une société dans laquelle les époux se donnent, sans réserve, l'un à l'autre, pour s'aider par des secours mutuels à porter le poids de la vie, et pour partager leur commune destinée.

Le mari doit protection à sa femme et la femme obéissance à son mari (213).

Mais cette puissance du mari sur son épouse ne doit être qu'une puissance de protection et non point d'oppression. La femme doit obéissance à son mari ; c'est un hommage rendu au pouvoir qui la protége.

La femme ne peut avoir un domicile autre que celui du mari (108); elle doit le suivre partout où il lui plaît de résider (214), même en pays étranger. Enfin, un des effets les plus remarquables de l'autorité maritale, c'est que la femme perd en se mariant la faculté d'exercer seule la plupart de ses droits civils (215, 1124, 217).

Il est néanmoins des actes pour lesquels elle n'a nul besoin de s'étayer du conseil de son époux (226, 220). Lorsque le mari ne veut ou ne peut accorder son consentement à sa femme, la justice vient aider celle-ci de son autorisation, qui remplace alors celle du mari (218, 19, 21, 22, 24).

Enfin, il est des cas où la femme peut se passer et de l'autorisation maritale et de celle de la justice (216).

La

La nullité fondée sur le défaut d'autorisation, ne peut être opposée que par la femme et le mari, ou bien par leurs héritiers.

Tit. 6, Chap. 5.

De la Séparation de Corps.

La séparation de corps est la faculté accordée par le juge à l'un des époux d'habiter séparément de l'autre. Cette faculté ne peut émaner que de la justice (305). Les mêmes causes qui déterminent le divorce font prononcer la séparation de corps.

Qu'elles sont, 1.° les causes de cette séparation ; 2.° la fin de non-recevoir qu'on peut y opposer ; 3.° la procédure pour l'obtenir ; 4.° les effets qu'elle produit.

Sect. 1.re

Causes de la Séparation.

On peut dire en général que la séparation de corps doit être accordée à l'époux qui a considérablement à souffrir de la haine de son conjoint, et qui n'a pas lieu à s'attendre à une réconciliation sincère.

Pour connaître le détail des causes de la séparation de corps, on n'a qu'à se référer au chap. 1.er du tit. 6.

Le juge doit non seulement s'attacher à la gravité des injures, mais à la classe où se trouvent les époux.

Sect. 2.°

Fins de non-recevoir.

La reconciliation entre les époux est le plus fort moyen qu'on puisse opposer à la demande en séparation ; elle est expresse ou tacite ; et c'est toujours au juge à apprécier les faits par lesquels on prétend la prouver.

Sect. 3.

Forme de la demande en Séparation.

La demande en séparation doit être portée devant le tribunal civil dans l'arrondissement duquel les époux ont leur domicile commun.

Sect. 4.

Des Effets de la Séparation.

A la différence du divorce qui opérait la dissolution du mariage, la séparation de corps emporte seulement, de plein droit, celle des biens. La légitimité des enfans n'est nullement altérée par la séparation; ils conservent tous leurs droits et tous les avantages de leur naissance quant aux biens.

Le mariage se dissout par la mort naturelle ou civile de l'un des époux; et la femme ne peut en contracter un second, qu'après dix mois révolus depuis la dissolution du précédent.

Pandectes.

Chapitre 4, 4.ᵉ Section.

Des Obligations Solidaires.

L'obligation s'établit solidairement entre les créanciers, lorsque le titre donne expressément, à chacun d'eux, le droit de demander au débiteur le total du paiement de la créance, et que le paiement fait à l'un d'eux libère le débiteur, encore que le bénéfice de l'obligation soit partageable, et divisible entre les divers créanciers. L'obligation solidaire a lieu, relativement à plusieurs débiteurs, lorsqu'ils est imposé à chacun d'eux de payer, un seul pour tous, la somme qu'ils doivent en commun.

La solidarité doit être expressément stipulée (1. 11, § 2, d. de duobus reis, novelle 59, et art. 1202). Il faut en excepter le cas où la solidarité a lieu, de plein droit, en vertu d'une disposition légale.

Une conséquence de la solidarité entre les débiteurs, c'est que le paiement fait par l'un d'eux libère tous les autres envers le créancier (art. 1204 et 1. 28, cod. de fidej). Toutefois la remise qui ne serait faite au débiteur que par l'un des créanciers, ne libérerait le débiteur que pour la part de ce créancier.

Lorsque la chose due a péri par la faute de l'un des débiteurs, les autres débiteurs solidaires ne sont déchargés que des dommages et intérêts (1205, et 1. 18 de duobus reis). La part des insolvables est répartie entre tous, même ceux que le créancier a déchargés de la solidarité. La solidarité peut être remise tacitement ou expressément, et ne peut s'éteindre par la confusion.

Lorsque l'affaire par laquelle la dette a été contractée solidairement, ne concerne que l'un des coobligés solidaires, celui-ci est tenu de toute la dette vis-à-vis des autres codébiteurs, qui ne sont considérés par rapport à lui que comme ses cautions.

Procédure.

Liv. 2.e, Tit. 7.e

Des Jugemens.

Le respect dû aux magistrats chargés de rendre la justice, ne permettait pas de peser leurs voix dans les discussions judiciaires; aussi le législateur a-t-il formellement déclaré qu'elles devaient être comptées (116). Les jugemens doivent être prononcés sur-le-champ à moins que les difficultés que présente la cause dans sa solution, n'exigent un renvoi au conseil pour la discussion des avis.

Lorsqu'il se forme plus de deux avis parmi les juges, ceux plus faibles en nombre sont tenus de réunir leurs opinions à celle émise par la majorité. Y a-t-il partage? Alors on appelle, pour le vider, un juge, un suppléant, un avocat ou un avoué de ce même barreau, et l'affaire est de nouveau plaidée.

Si le jugement ordonne la comparution, il doit en indiquer le jour; et s'il ordonne le serment, il doit énoncer les faits sur lesquels ce serment sera reçu. Le serment sera toujours prêté par la partie elle-même, sauf les cas prévus par la loi.

Le même jugement qui statuera sur la contestation, pourra, s'il y échoit, accorder des délais pour l'exécution du jugement, ce qui n'interdit pas les actes conservatoires : ce délai ne peut être accordé; et s'il l'a été, le débiteur ne pourra plus en jouir, lorsqu'il se trouve dans un tel état, qu'il y ait, pour le créancier, péril en demeure.

L'ordre social ayant pour base la liberté des citoyens, a voulu que la contrainte par corps ne pût être prononcée que dans les cas prévus par la loi.

La partie qui succombe est condamnée aux dépens : exception à cette règle générale dans l'art. 131.

Il était trop juste que les avoués fussent en droit de demander la distraction des dépens à leur profit; aussi la loi a-t-elle veillé à cela par l'art. 133.

Lorsqu'il a été formé une demande provisoire, les juges peuvent l'ordonner avec ou sans caution : ils doivent, dans ce cas, le faire lors de la prononciation du jugement sur le fonds : elle ne peut jamais avoir lieu pour les dépens.

Le président et le greffier doivent signer la minute de chaque jugement aussitôt qu'il est rendu, ainsi que la mention qui doit être faite en marge de la feuille d'audience, des juges, et procureur du roi qui y ont assisté : le greffier qui délivrerait l'expédition d'un jugement avant l'accomplissement de ces formalités, se rendrait coupable de faux. La loi a confié aux soins des procureurs du roi et généraux l'exécution de ces dispositions.

La rédaction d'un jugement est faite sur les qualités signifiées entre les parties ; ainsi la partie qui voudra lever un jugement contradictoire, sera tenu de signifier à l'avoué de son adversaire les qualités contenant les noms, professions et demeures des parties ; les conclusions, les points de fait et de droit.

Mais comme il peut arriver que des faits inexacts soient insérés dans les qualités, l'avoué auquel elles seront signifiées, pourra s'opposer à ces qualités : il n'aura pour cela qu'à en faire sa déclaration à l'huissier audiencier, qui sera tenu de mentionner cette opposition, qui devra être réglée par le juge qui aura présidé ; et, en cas d'empêchement, par le plus ancien, suivant l'ordre du tableau.

Les juges n'étant que les mandataires du souverain, c'est au nom de celui-ci que les jugemens s'exécutent ; aussi les expéditions pour être exécutoires doivent-elles être commencées et terminées au nom du roi.

Enfin, l'exécution des jugemens n'a lieu qu'après en avoir fait signification préalable à la partie ou à l'avoué, ou bien à l'un et à l'autre en même temps.

Code de Commerce.

Liv. 1.er — Tit. 8.me

De la Lettre-de-Change.

Le commerce est redevable à la lettre-de-change de ses progrès et des immenses dévelopemens qu'il a acquis depuis quelques siècles. C'est à son influence que les peuples doivent en partie leur bonheur, leur prospérité ; c'est elle qui a fait la puissance et la richesse des états.

Il faut distinguer le contrat de change de la lettre-de-change, qui n'en est que la conséquence.

Le contrat n'est que la *convention* par laquelle une personne s'o-
blige à faire payer dans un lieu une somme déterminée en repré-
sentation de la valeur qu'elle reçoit dans un autre lieu.

La lettre-de-change est *un acte*, en forme de lettre missive,
revêtu des formes légales, par lequel un individu mande à son
correspondant, dans un certain lieu, de payer à un tiers, ou à son
ordre, une somme d'argent en échange de la valeur par lui reçue
de ce tiers, ou de toute autre personne, et dans un autre lieu.

D'après cela il est aisé de remarquer que l'intervention de trois
personnes, au moins, est nécessaire pour la confection d'une lettre-
de-change. Il faut, 1.º une personne qui la tire, et qu'on nomme
tireur; une 2.ᵉ personne sur qui elle est tirée, on l'appelle *tiré* ou
délégué; une 3.ᵉ, enfin, c'est *le preneur* ou *donneur de valeurs*,
à qui, ou sur l'ordre duquel la somme doit être payée.

§. 1.ᵉʳ

Formes de la Lettre-de-Change.

La principale et la première des huit conditions exigées par
l'article 110 pour la lettre-de-change, consiste en ce qu'elle soit
tirée d'un lieu sur un autre. Elle est l'essence de la lettre-de-change,
qui, sans elle, ne serait envisagée que comme une simple promesse,
un simple mandat. La 2.ᵉ condition est la date qui énonce le jour,
mois, l'an et le lieu où la lettre-de-change a été consentie; elle est
de rigueur, puisque sans elle on ne pourrait pas savoir s'il y a eu
change, si l'individu était capable lorsqu'il a consenti la lettre-de-
change, ou si, dans le cas de faillite, il ne s'est pas prêté à quelque
fraude, pour nuire à ses créanciers; il faut, en 3.ᵉ lieu, qu'elle
énonce la somme à payer; 4.º le nom de celui qui doit la payer;
5.º l'époque et le lieu où le paiement doit s'effectuer; 6.º la valeur
fournie en espèces ou de toute autre manière; 7.º si elle est à
l'ordre d'un tiers ou du tireur lui-même; 8.º, enfin si elle est
par 1.ʳᵉ, 2.ᵉ, etc.

L'apposition de la signature d'une femme à une lettre-de-change, la répute simple promesse ; souscrite par un mineur, elle est nulle, sauf ce qui est dit à l'article 1312 du cod. civ.

Provision et Acceptation.

C'est la provision qui donne l'effet à la lettre-de-change, et la provision a lieu, si, à l'échéance de la lettre-de-change celui sur qui elle est fournie, est *redevable* au tireur, ou à celui pour le compte duquel elle est tirée, d'une somme *au moins égale* au montant de la lettre-de-change.

Néanmoins l'acceptation suppose la provision. L'acceptation ne peut être conditionnelle. Le tiré doit l'accepter, au plus tard, dans les vingt-quatre heures de la présentation. Il y a une peine attachée à la retenue ou non acceptation de la lettre-de-change après ce temps (125).

L'accepteur d'une lettre-de-change n'est jamais restituable contre son acceptation (121). S'il refuse d'accepter, ce refus est constaté par un acte *de protêt faute d'acceptation*. C'est à raison de ce défaut d'acceptation, que le porteur de la lettre-de-change conserve tous ses droits contre le tireur et les endosseurs, nonobstant toutes acceptations par intervention (120, 128).

Cet Acte sera soutenu, le 6 Août 1827, dans la séance publique qui commencera à huit heures du matin.

Vu par le Président de la Thèse,

FLOTTES.

TOULOUSE,

IMPRIMERIE DE CAUNES, RUE DES TOURNEURS,

HÔTEL PALAMINY.

www.ingramcontent.com/pod-product-compliance
Lightning Source LLC
Chambersburg PA
CBHW050406210326
41520CB00020B/6478